アイシナモロールと
"一緒にご自愛"

～ 自分を好きになるための56のコツ ～

監修＊心理カウンセラー **中島輝**

はじめに

「もしあの日、カフェ・シナモンのお姉さんと
出会っていなかったら…？」もう一つの世界で暮らす、
ちょっぴり大人なシナモン、それがアイシナモロールです。
みんなから "あいしな" とも呼ばれています。
遠いお空の雲の上で生まれた、白いこいぬの男のコ、シナモン。
とある都市に降り立ち、いろいろあったのちに自立し、
この世界で出会った甘えんぼうな友だち "ミルク" と
一緒にのんびりと暮らしています。

人の目より、自分の目。ほんとうに大切なことだけを
大事にして、日々を自分らしく生きています。
みんなに羨ましがられるような毎日じゃなくてもいい。
いっぱいお昼寝したり、遊んだり、お料理してみたり、
山登りをしてみたり、ドリップコーヒーを淹れてみたり……。
実はちょっとめんどくさがりやだけど、
好きなものを見つけたらとことん追求します。
特技は、地に足をつけてしっかり歩くこと。
将来の夢は、自分にとっての幸せを見つけること。

そんなアイシナモロールは、カラダとココロを大切にする
「ご自愛」マインドを持っています。
ご自愛とは、自分で自分を愛して、大切にしてあげること。
他人のことも大事だけど、
自分のことをもっともっと大事に優先してあげること。
あなたも、アイシナモロールと "一緒にご自愛"
してみませんか？

ご自愛とはつまり、自分が自分であることに満足して、
価値ある存在として受け入れられること。
人生の軸となるエネルギーです。
ご自愛が足りているときは、物事を前向きに解釈できて、
気持ちが安定し、積極的に行動ができるようになります。
逆に足りていないと、ちょっとした出来事でも揺れ動き、
行動が消極的になります。
あらゆることをネガティブに捉えてしまうようになります。
「最近、なんだかいろんなことがうまくいかないな」
それは、ご自愛不足のサインかも！

ご自愛という言葉に対して、
なんだかモヤモヤした気持ち、きれいごとを言われている
気持ちになる人もいるかもしれません。

1996年のアトランタ五輪女子マラソンで有森裕子選手が
銅メダルを獲得し、「自分で自分を褒めたい」と語ったときに、
メディアが大きくとりあげました。
これが話題になってしまうのが、象徴的な出来事です。
「自分で自分を愛する」というそんな当たり前のことに
眉をひそめる人が多い、
そんな社会と時代にわたしたちは生きています。
でも、ご自愛はワガママでも、甘えでもないんです。
むしろ、自立している人間だからこそできる、
エネルギッシュなパワーを身につけられるものなんです。

「自分のこと、もっとあいしな？」

この本を手に取ったあなたは、
たくさんの経験をしてきたはず。挫折やトラウマが重く
のしかかっている人もいるでしょう。
でも大丈夫、何度でも「自分」を再定義することはできます。

ユニークで幸せな未来へと進むきっかけは、
どこにでも転がっています。
この本は、そのための考え方や
テクニックをふんだんに紹介していきます。
頭から読んでみても、
目次を見て気になるところから読んでみても OK ！

もしあなたに以下の口癖があったら、
オススメしたい章があります。

「わたしには価値があるのだろうか」⇒ #1 へ（p.12）
「わたしってなんでこんなにできないんだろう」⇒ #2 へ（p.40）
「やっぱりわたしには無理なんだ」⇒ #3 へ（p.66）
「わたしなんて」⇒ #4 へ（p.92）
「しょうがない」⇒ #5 へ（p.118）
「迷惑かけてごめんなさい」⇒ #6 へ（p.146）

まずはどれかひとつ試してみてください。

アイシナモロールにだって、うまくいかない日、
モヤモヤするタイミングはあります。
でも「まあ、いっか〜」と肩の力を抜いています。
そう思えるのがご自愛のチカラです。
この本が、あなたのご自愛につながり、
自由で幸せな人生の
きっかけになりますように。

Check sheet ☑

- ☐ 日常的にストレッチやウォーキングが
  できていない / 室内で過ごす時間が多い

- ☐ そんなにお腹がすいていないのに、
  口さみしくていろいろつまんじゃう

- ☐ 仕事や家事があわただしく、
  こまめに水分補給していない

- ☐ 湯船に浸かれずシャワーで
  すませることがほとんど

- ☐ 布団や洋服をたたまない

- ☐ 寝なくちゃ寝なくちゃと思いながら、
  ベッドの中でスマホをいじっている

- ☐ 1日の終わりに、ひとり反省会をしてしまう

- ☐ 幸せそうな人を見ると、
  なんとなくココロがモヤモヤする

- ☐ ひとり時間が1週間で2時間以下

- ☐ 自分の長所を3つ以上言えない

チェックシートの10項目中

✔が7個以上あった場合　　ご自愛度低めです。今日これからご自愛しましょう！
✔が4〜6個あった場合　　　ご自愛度中程度です。週末はご自愛しましょう。
✔が3個以内の場合　　　　ご自愛できています。この調子でご自愛し続けましょう。

CONTENTS

#1

自分のなかでも
いい感じ

「ご自愛」を大きな木として考えたとき、
根っこの部分にあたるのが、
「自分には価値がある」と思う感覚です。
自分で自分を「なんかいい感じ」と思えていますか？

「わたしには
価値があるのだろうか」が
口癖のあなたに

いつも悩んでる…

- 「わたしには価値があるのだろうか」
- 「全然ダメ」
- 「なんのためにこんな仕事を
  やっているのかな」
- 「最近、なんだかむなしいな……」

そんな言葉が口癖になっているのは、「自分には価値がある」と
思う感情が減ってきているサインです。そんな人は、ぜひ♯1
から読んでみてください。

「わたしには価値があるのだろうか」が口癖の人は、今の自分
の価値を自分で認められなくなっています。
そのままの自分にも価値はあるはずなのに、ネガティブな側面
にばかり目を向け、自分に足りないところや欠けたところを探
してしまっている状況です。
また、自分だけではなく、相手にも完璧を求めてしまうんです。
自分にも他人にも×（バツ）をつけてしまっていませんか。

この章をアイシナモロールと一緒に読んで、「自分に○（マル）」
をつけましょう！

一喜一憂しないでね

「自分を大切にできるか」どうか、それは安定せず毎日揺れ動くものです。

自分を取り巻く環境によって、自分を肯定する気持ちは高くもなれば低くもなります。これはどんな人でも同じこと。

調子がいい日ならなんとも思わない些細なことでも、調子が悪い日には大きな心配や不安になってしまいます。そういうとき、「今の自分、ご自愛が足りてないな」と気づくだけでも、心はすっと楽になるんです。

大事なのは、「なぜ、自分は今こう感じているのか」を客観的に見て自覚することです。

「ご自愛が足りているから、失敗を気にせずにいられるんだな」
「ご自愛が足りていないから、不安がふくらんでいるんだな」
そんなふうに自分の状態がわかっていると、自分で自分の心の主導権を握って、フラットな状態に戻ることができます。

喜びすぎたり、落ち込みすぎたりのジェットコースターを繰り返していると心が疲れてしまいます。

自分の気持ちの揺れ動きに、一喜一憂しないでくださいね。

♥ あいしな ポイント

人生は、上がったり下がったりの繰り返し。ネガティブな気持ちにとらわれないで。

「わたしは大丈夫」と
言ってみよう

「自分はダメだ」「自分がキライ」……そんな気持ちでいっぱいになったことはありますか？
自分で自分に向ける言葉は、潜在意識に大きく影響しています。ネガティブな言葉をかければ、どんどんネガティブになるものなんです。

では逆にポジティブな言葉をかければ……
そう、一瞬で気分が「快」に変わります。
これは「アファメーション」と呼ばれる脳神経科学のテクニックです。

朝起きて鏡の前で、自分に向かってこう言ってみましょう。
「大丈夫、大丈夫、人丈夫」
「わたしってツイてる」
その言葉と一緒に自分の顔と向き合うと、ネガティブな面よりポジティブな面に注意が向くようになります。
そうして始めた新しい1日は、きっと昨日よりも明るくなるはず！

何かいいことがあったとき、取り組んでいることがうまくいったときも、あえて声に出してみましょう。
「グッジョブ！」
成功体験にプラスして、よりモチベーションアップにつながります。

💛 あいしな ポイント

自分にかける言葉が、自分の気分をつくります。

トラウマを乗り切る

大人になればなるほど、自分を肯定する気持ちは下がりやすくなるんです。
それは、「過去の失敗へのこだわりやトラウマ」が影響するから。

失敗した経験は、強く印象に残るもの。「同じ失敗をしたくない」「自分はこれが苦手なんだ」といった思いは、行動を縛ってしまいます。

以前に仕事のプレゼンで大きな失敗をしてしまった。なのに上司が「来月、新企画についてのプレゼンをしてください」と言ってくる。憂鬱な気持ちでいっぱい。会社に行くのも気が重い……。
こういう気持ちの流れは、誰にでも起こることです。

そんな状況を乗り切るのに必要なのは「イメージ」の力。
プレゼンの準備がはかどる自分、プレゼンが成功した自分、プレゼン後に同僚と和気あいあいとしゃべる自分。
イメージでトラウマを塗り替えてしまいましょう。

「自分が安心できるホーム」を持つことも大事。
自宅の寝室、推しの出るライブ、没頭できる遊び場……なんでもかまいません。とにかく自分らしくいられる「ホーム」で、リラックスすることが、失敗を怖がる心理を消してくれます。

♥ あいしなポイント

いつの日かトラウマに区切りがついて、「まぁ、大丈夫か」と思えるようになるはず。

自分の足りないところばかり
目についたら

「なぜか物事がうまくいかない」と悩んでいるとき、もしかしたら「自分にとって足りないもの」ばかりに目を向けているのかもしれません。

「時間が足りない」「出会いが足りない」「お金が足りない」「実力が足りない」
だからうまくいかない……。

人間の脳は、その人が持つ関心事に対して、無意識のうちに関連する情報を集めます。
足りないものにばかり目を向けていると、脳はもっともっと足りないものを集め、足りないことを肯定する理由も集めます。
そうなってしまうと、うまくいっていない状況を我慢して受け入れる方向に自分から導かれてしまうのです。

悩んだら、「うまくいった自分」「うまくいく理由」といった前向きなイメージを思い浮かべてみましょう。
そうすると、脳はそのイメージに沿って情報を集め、実現するための行動を後押ししてくれるようになります。

♥ あいしな ポイント

足りないものではなく、引き寄せたいものに目を向けて。

人の足りないところばかり
目についたら

自分だけでなく、他人に対しても厳しくなっていませんか？
「自分は間違っていないはず、相手が間違っている」
「どうしてあの人はちゃんとやらないんだろう」
「こうするのが当たり前なのに、なぜかわかってもらえない」

これは「バックドラフト」という心理が原因のひとつです。
自分に優しくしよう、他人に優しくしよう……そう願う一方
で、過去にうまくいかなかった経験を無意識に思い出し、自分
や他人への攻撃的な考えとして表れてしまっています。
きちんとしなくてはいけない、こうあるべきだ、そういった「か
くあるべし」が強くなりすぎると、突然感情が爆発するかもし
れません。

そうなる前に立ち止まり、自分を客観的に見てみましょう。
「今の自分はバックドラフト中だから、無理しないでね」と自
分で自分に呼びかけてみるだけでも、他人を責める気持ちが和
らぎますよ。

♥ **あいしな ポイント**

バックドラフトのときは、普段
よりゆっくりお風呂に入るのも
○！

疲れる人の
そばにいない

なぜかネガティブな気持ちが湧いてくる……そんなとき、誰か
のモヤモヤがうつっているのかも。

ネガティブな感情やストレス、不安は、周囲の人にも伝播して
いくことが、米カリフォルニア大学などの研究でわかっていま
す。ネガティブなことを言っていたり、イライラした態度を
とっている人が視界に入ると、人は同じ感情を覚える可能性が
高いのだそうです。
それどころか、ストレスを感じている人を「見るだけ」でも、
ストレスホルモンであるコルチゾールのレベルが高まること
もわかっています。

自分の周りの人をぐるっと見てみて、批判や悪口が多い人、イ
ライラしている人、ストレスを抱えている人はいませんか？
そういうときは、そっと距離を取ってみるのがオススメです。
他人のネガティブな気持ちを受け止めて、疲れる必要はありま
せん。感情の波に巻き込まれないで、自分を守ってあげてくだ
さい。

❤ **あいしなポイント**

「いい人」でなくてもいい。と
きには自分を優先して、ストレ
スから距離を置こう。

人は人、
わたしはわたし

人の SNS を見て「羨ましいな」という気持ちが湧き上がって
きたら、「ご自愛」が足りていないサインです！
いつもの自分を取り戻すために、「自分のよいところ」を 3 つ
書き出して、心の中で唱えてみましょう。

（自分のよいところを 3 つ書いてみましょう）

自分のよいところを再確認して、唱えることで、自分を大切に
する気持ちが回復します。
「自分軸」が見えてくれば、友人のキラキラしたところも、「人
は人、わたしはわたし」と受け流せるようになりますよ。

♥ あいしな ポイント

「書き出す」ことはとても有効。
書くことでわかる自分がいっぱ
いあるはず。

最近「No」って言ってる？

周りの意見と自分の意見が違ったとき、周りの意見を優先してしまう。
本当は気乗りしていないのに、誘われて渋々付き合ってしまう。
流行りのアイテムを、そんなに好きじゃないのに「乗り遅れたくない」と買ってしまう。

流されがちな自分に悩んでいる人は、小さなことでもいいから「No！」と言ってみましょう。

「みんながやってるから」といった大きな流れに従ってしまう心理は「バンドワゴン効果」と呼ばれています。
パレードの先頭を行く楽隊車のあとに行列がついていくように、人は「みんな」に引っ張られてしまう。多数の人が支持しているものに、いっそう支持が集まる現象です。

だから、流されてしまうのはある意味当たり前のことなんです。
だけどそんな自分が好きになれないなら、「わたしはそう思わない」「行かない」「いらない」と、自分の意志でブレーキをかけましょう！

その「No」を周りが認めてくれれば、より大きな「No」を言う自信にもつながります。

♥ **あいしな ポイント**

「No」と言っても大丈夫。そんな安心感があれば、人の「No」だって受け入れられる。

自分の好きを
わがままに

人は他人が気になる生きものです。
不安や自信のなさにとらわれているときは、余計に自分と他人
を比べてしまいます。

他人と比較して、他人からの評価が気になって仕方がないの
は、「ご自愛」が足りていないから！
「あの人みたいに『いいね』がほしい」
「あの人みたいになりたい、尊敬されたい、羨ましがられたい」
承認欲求と呼ばれるこの気持ちは、悪いことばかりではありま
せん。でもこんな気持ちで常に他人の目ばかり気にしている
と、自分の人生をうまく生きられなくなってしまいます。

そんなときは、自分のやりたいことを思い切りやりましょう！
マンガの大人買い、ドラマの一気見、行ってみたかったピラ
ティス、久しぶりの友達との飲み会、家族との電話、好きなアー
ティストのライブ、キャンプ、どんなことでも大丈夫です。
自分の好きをわがままに実現すると、自分を大切にする感情が
回復します。

比べるなら、他人ではなくて、昨日までの自分。一歩でも半歩
でも、自分のやりたい方向に進みましょう。

♥ あいしな ポイント

自分と他人を比べる必要はな
い。あなたは、あなたの人生を
歩めばいい。

自分に ○（マル）

自分に◯（マル）をつけましょう！

真面目な人、生きることに一生懸命な人の共通点は、「自分に×（バツ）をつけがちな」ところです。
「自分のここが◯、ここが×というところはありますか？」
……こう聞かれたら、あなたはどんなふうに答えますか？
×ポイントを山のように挙げたあとに、なんとか◯なところを絞り出すのではないでしょうか。◯がまったく思い浮かばないという人もいるかもしれません。
でも本当はみんな、そのままの自分にたくさんの◯があるはずなんです。

自分には価値がある……そう思って、自分の個性を認め自分を大切にできると、「わたしってなかなかいいじゃん」と言えるようになります。
これは逆からさかのぼっても同じ。「自分に◯」を口癖にしてみると、言うたびに自分を大切にできるようになっていきます。

おそるおそるでも大丈夫。自分に◯をつけてみると、いつのまにか今も未来も「◯」になっていきますよ！

♥ **あいしな ポイント**

他人からの◯じゃない。自分で自分に、自分なりの◯をつけてみて。

035

自分が宝物になる

カーテンを開けて太陽を浴びてみる

朝起きたら、まずカーテンを開けましょう。真夏でも真冬でも、どんな天気でも、勢いよくバーッと！

その日がどんな日だったとしても、カーテンを開けるというアクションが、「自分の手で1日を始める」「自分が自分の人生の主導権を握っている」という感覚を呼び起こします。

もし部屋に太陽の光が差し込むのであれば、より効果的。

人間は、太陽の光を浴びることで体内時計が自然と調節され、幸福ホルモンと呼ばれる脳内物質セロトニンが生成されます。

セロトニンが活性化すると、気分が清々しくなり、意欲もアップ、集中力も高くなります。特に午前中にセロトニンが生成されると、夜の寝つきがよくなることもわかっています。

気分が落ち込んでいるときほど、バッとカーテンを開けて、太陽の光を浴びてみる。

環境と自然の力を借りて、気持ちを前向きに変えましょう。

ご自愛ワーク ❶

お腹（丹田）に両手を当てて温める

モヤモヤした気持ちが体の中にあふれていると
き、特に理由はないはずなのに元気が出ないと
き、もしかしたら体の不調からきているかもし
れません。ちょっと試してもらいたいのが、お
腹（丹田）を両手で温めること。

丹田は、おヘソに親指を当ててちょうど小指の
下あたりにあるツボです。古代中国の医学では、
健康と勇気を司るとされています。

その丹田に両手を当てて温めると、内臓の動き
が活発になり、エネルギー消費を高めてくれま
す。寒い季節はもちろん、エアコンで冷える夏
にも試してもらいたいです。

ほかにも体の動きによってあなたのモヤモヤを
ちょっとよくする方法として、「つま先での床ト
ントン」も紹介しておきます。

イスに座りながらつま先で床をトントンすると、
ふくらはぎの筋肉が大きく伸び縮みして、全身
の血流がよくなります。手足がじんわりと温か
くなり、一時的に疲れやストレスが減るリラッ
クス効果があります。

バスタイムと睡眠時間でリフレッシュ

自分を肯定する気持ちは、脳の状態に大きく影響されます。睡眠は、脳の疲れを回復することができる唯一の時間です。

脳は1日の最後を強く記憶します。布団に入ると後悔する事を思い出してしまう……という人もいるかもしれませんが、できるだけ自分の成功した姿、楽しく生きている姿をイメージしましょう。眠っているあいだに、脳の中で繰り返し再生され、脳がそのイメージの実現に向けて動きだします。

バスタイムにはリラックス効果があります。キャンドルを灯してみたり、バスソルトを使ってマッサージをしてみたり……完全にプライベートな空間でストレスを緩和できます。39～40度のお湯に15分間ゆっくり浸かると、体がポカポカして眠りやすくなります。

また、バスタオルにこだわるのも効果的。フワフワのバスタオルに肌が触れて心地よさを感じると、ストレスホルモンが軽減することがわかっています。

自分＆ぬいぐるみをぎゅっと抱きしめる

ご自愛が足りなくなっているな……そう感じた
ら、肌触りのいい毛布、抱き心地のいいクッショ
ンやぬいぐるみを抱きしめましょう。

「楽しい、楽しい」とつぶやきながら、ぎゅーっ。
気持ちがほぐれていきます。安心感が不安感を遠
ざけ、自分を大切にする気持ちが回復していきま
す。

このぎゅーっのとき、ルームフレグランスなど、
好きな香りをまとわせるのもオススメです。人は
視覚からの情報に刺激を受けがちですが、触覚や
嗅覚からの心地よい刺激が、リラックス効果を引
き出します。

ぬいぐるみが家にない人は、8秒間のセルフハグ
を。

右手で左肩を、左手で右肩をぎゅーっと抱きしめ
ましょう。ぎゅーっとして、深く息を吸って、深
く吐いて。この8秒間セルフハグが、不安を和ら
げます。

体育座りでもOK。体育座りは胎児の姿勢にも似
ています。ひざを抱えてゆっくり呼吸すると、セ
ルフハグと同じような効果が得られます。

2

どんな自分も
認めちゃおう

「ご自愛」を大きな木として考えたとき、
幹の部分にあたるのが、
「ありのままの自分を認める」感覚です。
幹がしっかり強く成長すると、折れない心が手に入ります。

「わたしってなんでこんなに
できないんだろう」が
口癖のあなたに

- 「わたしってなんでこんなに
  できないんだろう」

- 「わたしにも問題があったんだ」

- 「全部わたしのせい」

- 「ここにいると迷惑かも」

そんな言葉が口癖になっているのは、「ありのままの自分を認める」感覚がなくなってきているサインです。そんな人は、ぜひ #2 から読んでみてください。

人には、ポジティブな面もネガティブな面もあります。ネガティブな自分、不完全な自分を知り、「これがわたし、わたしはわたし」と思えれば、他の人に対しても「それがあなた、あなたはあなた」と受け入れることができます。

どんな自分にも他人にも「OK」が出せる人は、何が起きてもしっかり地に足をつけて、立ち直ることができる……折れない心が手に入ります。

他人の目や他人からの評価に振り回されていませんか？
自分や相手が悪いのではなく、「ありのままの自分」を認める感覚が足りていないのかもしれません。

I'm OK,
I'm not OK

ありのままの自分は、ひとつではありません。誰といるか、どこにいるか、どう過ごしているかで、「自分」は変わります。そんな自分の中には、「この自分、好きだな」と思えるものもあれば、「こんな自分、嫌い！」と思えるものもあるでしょう。

アドラー心理学には「I'm OK」「I'm not OK」という言葉があります。「I'm OK」は、「ありのままの自分で大丈夫」と思えている状態のこと。「I'm not OK」は、「自分なんかダメだ」と思っている状態のことです。

ここで重要なのは、OKを出せる「自分」は、完璧じゃない自分、嫌いな自分も含んでいるということです。自分の好きなところやいいところだけにOKを出すのではなく、「not OK」な自分にもOKを出してしまいましょう！
完璧な自分を目指すと、無理をしてしまい、幸せは逃げていきます。

どんな自分も受け入れて認める。大丈夫じゃない自分も自分だと認めて、「これがわたし！」と言えるようになることが、ありのままの自分で生きるということ。

♥ あいしなポイント

ありのままの自分が無敵！

認めてもらいたい
気持ち

「わたしってなんでこんなにできないんだろう」と思い悩んでいるとき、求めているのは「他人から認められること」です。ありのままの自分を認められていないと、人は他者からの承認を求めるようになってしまいます。その気持ちが、「仕事くらい完璧にできないとここにいる意味がない」といった思い込みにつながることも。

大事なのは「自分軸」を取り戻すこと。
自分が今やりたいことはなんですか？
大きな夢である必要はないんです。むしろすぐに実現できる身近なことのほうがオススメ。ひとつ書き出してみてください。

【今やりたいこと】

今、書き出したものを、すぐに実行に移しましょう！
「自分のやりたいことってこれだったんだ」「自分ってこれができるんだ」と、自分のことを再確認できますよ。

💗 あいしな ポイント

人の評価は気にしない。自分の
「好き」から思い出そう。

047

過去に悩んだら

過去の失敗は、変えられないもの。わかっていても、何度も失敗を思い返して「あのとき、こうしていれば」「自分はダメだ」と感じてしまっていませんか?
過去にとらわれているなと気づいたら、視点を変えてみましょう。幽体離脱するように浮かび上がって、悩んでいる自分を頭の上から見てみるんです。
これは心理学の世界で「メタ認知」と呼ばれています。

上から見た自分はどうですか?
「ああ、今の自分はこんな感じか」。ドラマの登場人物を眺めるように自分をメタ認知して、「なんとかなるって!」とつぶやいてみましょう。不思議なことに、ネガティブな考えに流される心の動きが止まります。

ほかにも、「今の負の感情は何点くらい?」と数値化するのも有効なテクニックです。
自分のこれまでの人生で経験した最悪の負の感情を10点とすると、今は何点か? 自分で採点をします。
数字という客観的なものでとらえることで、自分の負の感情をコントロールできるようになります。

♥ あいしな ポイント

自分を客観視して気持ちを切り替え、いい感じの未来に方向転換!

自分の心に聞いてみる

やらなくちゃいけないことがあるけど、なんだか元気が出ない。
続けたいと思っているのに、どうもうまくいかない。
心が迷路に迷い込んでしまったら、自分の心に自問自答してみ
てください。

「なぜなんだろう？」
「このあとはどうしたい？」
「何かできることはある？」

ひとつずつ答えていくと、自分の望みが浮かび上がります。
こんなことを思っていちゃいけないと閉じ込めていた気持ち
や、薄々自分でも気づいていた本音を、自問自答で聞いてあげ
ましょう。
そうすると、迷路からの脱出方法も自然と見えてきます。

自分の心とのおしゃべりは、「苦手なこと」に直面したときに
も効果的です。
「自分は〇〇が苦手だって知っているよ」
そう口に出すと、自然と自分の心から返事がきます。
「苦手だったら、こうしてみるのがいいんじゃない？」
面白いもので、苦手を認識することで、苦手意識が減っていき
ます。

♥ **あいしな ポイント**

悩みの解決の糸口は、自分の心
が知っているかも。

ネガティブな気持ちも
わたし

「できない」「失敗したくない」「もうやめたい」
ネガティブな感情が強くなってきたら、その感情に「新しい名前」
をつけるようなイメージで、肯定的な言葉に言い換えてみましょう。

「あ、一休みのタイミングだ」
「まぁコツコツやってみよう」
「ここが踏ん張りどころだな」

言葉には自分の心の状態が表れます。
否定的な言葉は、失敗をイメージさせ、不安や恐れがふくらみます。「やめたい」と発するとき、やめる自分のイメージが生まれてしまっています。
一方で、肯定的な言葉は、成功をイメージさせ、「今の自分で大丈夫！」と自信のもとになってくれます。「ここが踏ん張りどころ」と思えば、頑張って乗り越えられる自分のイメージが浮かんでいるのです。

ネガティブな気持ちも自分。そしてその気持ちを肯定的な言葉で名付けてみると、物事がうまく運び始めます。
今の自分が発する言葉を少しポジティブにすると、感情が変わり、未来の自分も変わります。そうすることで、いつのまにかネガティブな感情そのものから抜け出せるようになるはずです。

♥ あいしな ポイント

ネガティブな気持ちをしまい込まずに、ポジティブなラベルに貼り替えよう。

5秒、深呼吸

判断に迷っているとき、複数の選択肢で決めかねているとき、意識して「ひと呼吸」置いてみてください。ほんの5秒でもOKです。

軽くまぶたを閉じて、肩と両腕の力を抜いて、ゆっくり息を吐く。吐ききったら、またゆっくり息を吸う……。
「ほかの方法もあるんじゃない？」と自分で自分に問いかけてみてください。

時間に余裕があるときは、心ゆくまで深呼吸を繰り返しちゃってください。
呼吸に集中すると、一時的に余計な思考や感情が頭に入らなくなります。その呼吸の中で「自分自身の真ん中」を感じて、判断を下してください。

呼吸は、マイナス感情と向き合うときにもとっても大事。
とってもオススメな「風船エクササイズ」も紹介します。風船を手に取ってください（ない場合は、イメージの風船でもOK）。
まずは深呼吸。自分の中のマイナス感情を思い浮かべて。
大きく息を吸って、それから風船の中にマイナス感情を吹き込みます。
ふくらんだ風船を「バイバイ！」と手でたたき、遠くに飛ばします。
風船と一緒に、マイナス感情も飛び去っているはずです。

♥ **あいしな ポイント**

余裕がないときほど、落ち着いて深呼吸。迷いや焦りを吐き出して。

空気を読んでばかりで
本音が言えないとき

優しい人、周りの空気を読む人ほど、心の本音をなかなか口に出すことができません。
でも、本当は言ってしまいたいことは、消えることなく溜まっていってますよね？

そんな本音や、今感じていること、考えていることを、ノートに書き出してあげましょう。

【本音、今感じていること、考えていること】

今、書いた本音を眺めてみて、どんなことを感じますか？
モヤモヤとした感情や抱えていた本音を書き出すことで、考えが整理されて、自分の今の状況を知ることができます。
ネガティブだった気持ちを立て直すきっかけや、ポジティブな取り組みに踏み出す勇気が得られるのです。

♥ あいしな ポイント

うまく書こうと思わなくていい。
思いつくままに書いてみよう。

こんな日もあるよね！

いくら前向きにいたいと思っても、どんな人でも落ち込む日はあります。
イヤなことがあった日は、「こんな日もあるよね！」と口に出して切り替えましょう。

思ったとおりに物事が進まないと落ち込むし、また同じことが起きるかもしれないと心配になりますよね。
そんなときこそ「こんな日もあるよね。でも、こんな日があったから、同じことが起きたときの対処法を考えられる」と思ってみてください。

ミスをしてしまった日も「こんな日もあるよね」を発動するタイミングです。
「こんな日もあるよね。どんなに気をつけてもミスは起こるもの。今度同じことをするときは、別の方法でやってみよう」
人付き合いでうまくいかなかった日も、
「こんな日もあるよね。あの人はわたしとは『価値観が違う』みたいだから、もう少し距離を取ってみよう」

「こんな日もあるよね」というマジックワードをうまく使えば、失敗にとらわれず、成功への一歩につながります。

♥ **あいしな ポイント**

「こんな日もある！」と視点を変えて、脳をワクワクモードに切り替えよう。

今の自分にオールOK

こんなシーンを思い浮かべてみてください。

塔の上の牢獄にとらわれている2人が、鉄格子から外を見ています。

1人は下を向き、地面の泥を眺めて絶望していました。

もう1人は空を見上げ、輝く星を眺めて希望を抱いていました。

人は、下を向くか上を向くか、何を見るかを、自分の意志で選ぶことができます。

同じ1日を過ごしても、ある人は「今日はいろいろあって最悪だった」と思い、ある人は「今日は悪いこともあったけど、いいこともあって成長できた」と振り返ります。

一歩ずつ幸せな道に進めるのは、きっと後者の人のほうでしょう。

「OK！」を口癖にしてみましょう。

起きた出来事にも「OK」、自分にも「OK」、他人にも「OK」。

アドラーの言葉には、こんなものがあります。

「自分の不完全さを認め、受け入れなさい。相手の不完全さを認め、許しなさい」

「他人を変えることはできません。でも自分と未来は変えることができます」

「オールOK！」のマインドで歩んでいくと、人生は驚くほど好転し始めます。

💜 **あいしなポイント**

「OK」と口にしたときの、明るく温かなエネルギーを感じて。

自分が宝物になる

ひとりごとを言う

最近、ひとりごとを言っていますか？

「今日はいい天気だなー」

「われながらいい仕事できたんじゃない？」

「わたし、天才かも」

ひとりごとは心理学で「セルフトーク（自己会話）」と呼ばれています。日常的にポジティブなひとりごとを自分に向けている人ほど、困難な出来事や大きな悩み事を乗り越えていけることがわかっています。

ポジティブな出来事や感情に出合ったら、あえて口に出してみる。自分で自分に褒め言葉を向けてみる。そうすると、どんどんポジティブになっていきます。ひとりごとには、不安を取り除き、自分を励まし、モチベーションを高め、行動を導く効果があるのです。悩んでいたことでも、自分が取り組むべき行動が見えてきます。

「わたしにできるかな？」「こうすればできるんじゃない」「でもそうするとこういう問題が出てくるな」「そのときはこうしてみたら？」……

頭の中で考えるだけでなく、ひとりごとを発することで、やるべきことがまとまっていきます。

ご自愛ワーク ❷

手足を刺激する

ネガティブな感情でいっぱいになったら、手足を温めてみたり、「ツボ」の力を借りてみて。

手は第2の脳、足の裏は第2の心臓と呼ばれています。温めると、ストレス解消効果やデトックス効果があります。湯船に浸かれない場合、洗面器での手湯・足湯もいいですね。

指先にはたくさんのツボがあります。爪の脇と指先を、反対側の指で挟んで押したり、爪の脇をタッピングしてみたり。イタ気持ちいいくらいの刺激で押すと、頭がすっきりします。

手は、ただもんでみるだけ、グーッと開いてみるだけでも効果的。こわばっていた体がリラックスします。

ストレスや焦りに効くと言われている足裏のツボが「湧泉（ゆうせん）」です。

湧泉は、足の指を曲げたときにできる足裏のくぼみにあります。グリグリともみほぐしましょう。湧泉を中心に土踏まず周辺をゆっくり押すと、体が軽くなります。

温めると体力や気力がより高まるので、お風呂に入りながらグリグリしてみるのもオススメです。

デスクの上に好きな小物を置く

職場にいる自分が好きになれないとき、デスクから変えてみる方法があります。

オフィスの自分のデスクに、お気に入りの小物を置いてみてください。家族の写真でも、推しのグッズでも、ぬいぐるみでも、ちょっとした植物でもかまいません。

仕事場だと緊張して普段の自分の力が発揮できない。異動したばかりで緊張してしまう。繁忙期に同僚がピリピリしていてつらい……。

そんなふうに暗〜い気持ちが湧いてきたら、ふっと目線を上げて、デスクの小物を目に入れて。

目で見て心が落ち着くもの、クスッと笑えるものが安心感を生み、不安感を遠ざけ、「ありのままの自分を認める」感覚が回復します。

さらに、手触りのいいものや、いい香りのするアイテムをデスクに置き、触覚や嗅覚の力も借りてみましょう。

外回りの多い人は、よく持ち歩く仕事道具にキーホルダーやファイルなど気持ちが落ち着く小物をプラスしてみてください。

30分以上外を歩く

気分が行き詰まっていたけど、散歩してみたら意外と気が晴れた……そんな経験をしたこと、みなさんもありませんか。
近年、脳神経科学の研究で、ウォーキングがストレスに効くという結果が次々と明らかになっています。

米スタンフォード大学の研究では、自然の中を90分間歩いた人は、うつに関連する脳の部位の活動が減少すると報告されました。また、15分以上のウォーキングは、幸福ホルモンの分泌をうながす効果があることもわかっています。
研究によると、30分以上自然を感じられる場所を歩くと、気持ちがほぐれ、感情が整理され、ストレスが軽減するのだそう。さらに物事をクリアに考えられるようになり、思考と感情を整理する時間と余裕が生まれるのだといいます。

もちろん雨の日は無理しなくてOK！
むしろ「とことんだらける」と決めて、家でゆっくり過ごしてください。

3

「できるかも」が
味方になってくれる

「ご自愛」を大きな木として考えたとき、
枝の部分にあたるのが、「自分にはできる」と思える感覚です。
しなやかに伸びていなければ、ポキッと折れてしまいます。
そして多くの枝を伸ばすことができていれば、
少しくらい折れても大丈夫です。

「やっぱり
わたしには無理なんだ」が
口癖のあなたに

いつも悩んでる…

- 「やっぱりわたしには無理なんだ」
- 「自分にはきっとできない」
- 「昔の自分はできてたのに」
- 「今さらやってもムダだよね」

こんな言葉が口癖になっているのは、「自分にはできる」と思える感覚がなくなってきているサインです。そんな人は、ぜひ #3 から読んでみてください。

何かやりたいことが見つかったり、大事なことを任されても、「自分にはきっとできない」とあきらめてしまっていませんか？
「自分にはできる」という感覚を持てていないと、行動する気力が湧いてきません。失敗で少しつまずくと、「もう無理」と思ってしまう。自分で自分に「NG」を出してしまっている状態です。

その感覚が回復してくると、「人生は何度も何度も挑戦できるし、何回だってやり直せる」と思えるようになります。自分は何かを成し遂げられるし、あきらめなければ目標を達成できると、自分で自分を信じられるのです。

小さなことから
始めよう

「自分にはできる」と思える感覚が低下していると、何かを始めようとプランを立てても、すぐに「できない」と思ってしまうようになります。
そういうときは……小さなことに取り組んでみましょう!

達成したいゴールに向けて行うべきことを小さなステップに分け、ひとつずつ確実にこなすのです。小さなステップをクリアするごとに、「よくできた」という報酬を脳が受け取り、モチベーションが持続します。
心理学の世界では「スモールステップの原理」と呼ばれています。達成できそうなことに取り組んで、達成したという成功体験を得ること。それによって、「自分にはできる」と思える感覚が回復してきます。

ダイエットに挫折して落ち込んでいるときは「平日はケーキを食べない」。
運動が続かないときは「運動できる服に着替える」。
部屋が片付かないときは「部屋のゴミを10個捨ててみる」。
小さな「やったー!」の積み重ねが、「わたし、できるかも」という手応えになり、自分への自信を回復させてくれますよ。

♥ **あいしなポイント**

どんなに小さなことでもいい。
少しの「できる」が元気のもとになる。

思ったように
いかなくても大丈夫

人間関係の悩みで「できない」が積み重なると、自分への自信が下がってくることがあります。
もっと明るく自分らしくありたいのに、できない。
あの人と仲良くしたいのに、できない。
集団の中でうまく話したいのに、できない……。

大事なのは、「最初から思ったようにはいかない」と思っておくことです。
誰にでも、得意なことと苦手なことがありますよね。どんなに「こうありたい」「こうあるべきだ」と願っても、苦手なことはうまくいかないものです。
そして自分だけでなく、相手にも苦手なことがあります。欠点も含めた自分らしさと相手らしさがまったく違うのですから、食い違うのは当たり前。

「うまくできない」という悩みが深くなったら、大きく深呼吸して、こうつぶやいてください。
「これがわたしらしさなんだ」「あの人らしいよ」
ひとつひとつに一喜一憂することなく、重く受け止めすぎることなく、素直に受け流してしまいましょう。

♥ **あいしなポイント**

人間関係の悩みは、あなたの能力のせいじゃない。うまくいかないのが当たり前。

あなたを助ける
「もし〇〇したら△△する」

どうしたって失敗することはあります。そのときに重要なのは、失敗したときの対策です。
何かひとつのことでつまずいて、「もう全部ダメだ」とあきらめてしまったことはありませんか？

目標を設定するときは、「失敗する、挫折する、計画外のことが起きる」ということを盛り込んでおきましょう。
実際にそれが起こってしまったとき、自分がどんな感情を抱くのか。物事が進まなくなったとき、どう対処すればいいのか。そこまでを含んだ「準備」をしておくといいのです。

オススメの準備が、「もし○○したら△△する」を設定することです。

たとえばダイエットなら、「もし食べてしまったら、おいしさを味わいながら食べ、明日からダイエットを再開する」。
人間関係なら、「もし嫌われてしまったと感じたら、嫌うのは相手の問題であって、わたしの価値は変わらないと考える」。

この「もし○○したら△△する」で失敗を乗り越えると、失敗が失敗のままで終わらず、成功体験に変わります。

♥ あいしなポイント

完璧主義的な人ほど「もうダメだ」と思い込みがち。事前に失敗への備えをしておこう。

「わたしって天才！」
「期待しているよ！」

ちょっと恥ずかしいかもしれませんが、ぜひ口癖にしてみてもらいたいフレーズが「わたしって天才！」「期待しているよ！」です。

人には「思い込みの力」が備わっています。その瞬間は本当ではなかったとしても、思い込みの力で本当にそれが実現することがあるんです。
つまり、「わたしって天才！」を口癖にすると、脳に「自分は天才かも」という期待を抱かせ、物事に前向きに取り組む自信をプレゼントしてくれます。

また、人は「期待されると、その気持ちに応えるような行動をとりやすくなる」ということも知られています。心理学の世界では「ピグマリオン効果」と呼ばれています。
周りの人だけでなく、自分自身への呼びかけでも同じ効果が期待できます。自分で自分に「期待しているよ！」と声がけすると、無意識にその期待に応えようとして、あなたの行動が変わっていきますよ。

❤ **あいしな ポイント**

自画自賛も、こっそりやれば恥ずかしくない。自分で自分をアゲていける。

不安になったら

自分にはできないかも……と感情がマイナスな方向に傾くと、どんどん不安がふくらむ負のループになります。もしあなたが常にそんな不安に襲われているとしたら、自動的に思考がマイナスになる癖がついているのかも。

そんな癖は、まず自覚するのが大事。オススメしたいのが「見つめ直しメモ」を作ることです。

1日の終わりにその日を振り返り、「今日、ネガティブな気持ちになったのは、いつ、どこで、誰と、何をしていたときか」と、「そのときパッと浮かんだ感情」をメモします。これを繰り返すと、自分がどんなときに不安になるかの傾向が見えてきますし、不安になったタイミングで「あ、こないだもこうだった！」と自分で気づけるようになります。

不安を一時的に減らしたいときは、イメージの力を借りましょう。

コップを手に取り、ネガティブな感情を流し込むようなイメージで水を注ぎます。水をぐるぐるとかき回したあと、「さよなら！」と言って流しに捨てます。水と一緒に不安が流れていきます。

♥ あいしなポイント

不安はトンネルのようなもの。通り抜けた先の自分をイメージしよう。

最高の出会いが
やってくるタイミング

周りの人みんなとうまくやっていかないと……そう思い込んでいませんか？
あなたが「うまく付き合いたいけど、できない」と悩んでいる人は、あなたの人生に必要のない人かもしれません。

親しい友達の顔を思い浮かべてみてください。
その人は、あなたに似ていたり、味方になってくれたり、見返りを求めずに好意を持ってくれていたりする人ではないでしょうか。そしてあなたも、見返りを求めずに「この人の味方になりたい」と思っているのではないでしょうか。
それが本当の友人関係です。

大人になってくると、仕事での付き合いが多くなります。そういった付き合いでは、利害を求めて交流が発生します。
「自分の仕事に役立つから」「上司と部下だから」「仕事でお世話になっているから」……そういった、社会的立場や利害でつながっている間柄は、つながる理由がなくなれば離れるもの。必ずしも「本当の友人関係」に近づくための努力をする必要はありません。

自分らしくあれば、ふさわしい人との出会いは必ずやってきます。その出会いに気づくためにも、「ご自愛」は大切なんです。

♥ **あいしな ポイント**

ご自愛は、最高の出会いのための準備でもある。

コップの水はどれくらい？

コップに半分入った水を見て、あなたはどう捉えますか？
これは「コップの水理論」といって、経営学の世界で知られています。

「もう半分しかない」……そう思う人は、「現状を維持しなければ」「追い詰められた状況だ、早くなんとかしないと」と考えながら行動します。もちろんその選択が結果的にうまくいくこともありますが、不安が不安を呼び、悲観的なループになるおそれもあります。
一方、「まだ半分もある」と思える人は、「今のうちに水を増やす挑戦をしよう」「このあいだに問題を解決しよう」と考えて行動できます。楽観的すぎて危なっかしいこともあるかもしれませんが、ポジティブな感情に背中を押されて行動をとりやすくなります。

「自分にはできない」と思っている人は、コップの水を悲観的に捉えがちです。
あなたのコップには、まだまだ水が半分もあるのです！

♥ あいしな ポイント

「もう」を「まだ」に言い換えてみると、ちょっと前向きになれるはず。

考えずに始めてみよう

「やりたいこと」が見つかったとき、人の脳は同時に「できない理由」も探してしまうことがあります。

心理学の世界では「失敗回避欲求」と呼ばれています。人は変化が苦手です。だから新しい変化をもたらす願いに対して、無意識のうちにできない理由を探し、現状に踏みとどまるほうに背中を押します。

この「壁」を乗り越えるには、「あれこれ考えずに、まず始めてしまう」ことが大事！ できない理由を脳が見つけてしまう前に、行動してしまいましょう。

見切り発車でもかまいません。「小さなことから始めよう」（→ p.70）を思い出して、小さな成功体験をゲットしてみてください。

勉強なら、一番薄くて簡単そうな参考書を買ってみる。

ダイエットなら、その場で5回スクワットをしてみる。

新しい趣味なら、SNSに「好きになったかも」と投稿してみる。

小さな階段を1段上ると、また次の小さな階段が見えてきます。それを繰り返すと、いつのまにか「できない理由」を超えて、目標の階までたどり着いています。

♥ **あいしなポイント**

あなたが一歩進めないのは、脳の力のせいかも。とにかく一歩踏み出してみて。

すべてはなんとかなる

人は、進化の過程で不安や心配や恐れといった感情を繰り返してきました。「この場所は危ないかも」「このあと敵が襲ってくるかも」と案じて備えていたほうが生き長らえた経験から、脈々と受け継がれてきた防衛本能です。

この本能があったからこそ人間はこんなに発展してきたわけですが、安全になってきた現代社会では、本能が悪い方向に働くことがたびたびあります。

「失敗するに決まっている」「自分じゃ勝てない」……そんな本能的な気持ちが足を引っ張り、行動できなくなってしまうのです。本能とのバランスをとるには、むしろ、ポジティブすぎるくらいがちょうどいいのかもしれませんね。

「今日もツイてる！」
「やれる！　できる！　大丈夫！」
「すべてはなんとかなる！」
常に自分を励まし、肯定して、今ここにある幸せを考える。そんな習慣が、あなたの人生を少しずつ変えていきます。

♥ あいしなポイント

自分が使う言葉の力を信じて。「なんとかなる」と思えば、なんとかなる。

自分が宝物になる

ヤッター!のポーズをする

わけもなく落ち込んでいる、焦っているときは、両拳を上に突き上げ「ヤッター!」のポーズをとりましょう。
時間は 30 秒ほどで大丈夫。たったこれだけで、気持ちが上向きます。

「ヤッター!」のポーズをとると、手足が伸び、胸が張られて、血流がよくなります。恐怖を感じたときに出る脳内物質が減り、逆に勇気のホルモンと呼ばれる物質が増えます。さらに「ヤッター」の言葉が自分で自分を励まします。
気の重い月曜日の朝や、緊張する商談の前、疲れた会議のあとに、あえて「ヤッター!」。今すぐに取り入れられるテクニックです。

太陽が出ている日なら、ベランダや庭に出て「ヤッター!」をするとより効果的。太陽の光によって人の体は幸福ホルモンを生成します。自然の力も借りて、気持ちと体を前向きに変えてしまいましょう。

ご自愛ワーク 3

朝のルーティーンを設定する

朝、簡単にできる小さな習慣をつくってみて。
脳神経科学や心理学の研究では、自分で決めた
日課やルーティーンワークが、無駄な思考や感
情の揺れ、決めることへの疲れを減らすという
ことがわかっています。その結果、大切なこと
へ意識を向けられるようになるのです。
さらに、そのルーティーンを実行することで、
ささやかな成功体験が積まれ、「自分にはできる」
と思える感覚が高まっていきます。

朝は新しい1日の始まり。サクッとできるルー
ティーンを設定して実行することが、ご自愛に
なります。
「冷たい水で顔を洗う」「カーテンを開ける」
「ぐーっと伸びをする」「窓を開けて部屋の空気
を入れ替える」「温かいお湯を飲む」
なんでもいいのですが、体がスッキリするルー
ティーンだと、さらに気持ちが前向きになりま
す。
「今日もできた！」というポジティブな気持ちか
ら、1日のスタートを切りましょう。

口角を上げてみる

イライラしていると口角が下がり、楽しいと口角が上がりますよね。逆に、「イライラしているとき、口角を上げてみる」とどうなると思いますか?
「悲しいから泣くのではなく、泣くから悲しくなる。面白いから笑うのではなく、笑うから面白くなる」
19世紀後半に2人の心理学者によって提唱された、「行動が感情を呼び起こす」という説。のちのさまざまな研究によって証明されました。
怒りに任せて暴れれば怒りは増し、楽しいときに声を上げて笑うとより楽しくなります。

イライラしているときにあえて口角を上げると、脳は「笑顔になっているから、今は楽しいに違いない」と誤解し、楽しいという感情を呼び起こし始めます。出勤前の鏡、お風呂や洗面台、オンライン会議などのカメラ……自分の口角が目に入る瞬間は、1日に何回もあります。そのたびに「ニーッ!」と口角を上げて、自分の脳をいい意味でダマしてしまいましょう!

人の話を「姿勢よく、リアクションよく」聞く

あなたはどんなふうに人の話を聞いていますか？
人の心理状態は姿勢に表れることが知られています。自信がないときや疲れているときは無意識に前かがみに。自信があるときや楽しみなときは自然と背筋が伸びているのだそうです。
なんと、心理学の実験では、「逆に姿勢が心理状態をつくる傾向がある」こともわかっています。
つまり、前かがみがちだと自信がなくなり、いい姿勢を保つと自信を感じるようになるのです。
気が進まない人との会話でも、あえて姿勢よく、前のめりになって聞くと意外に楽しさを見いだせるようになるかもしれません。

さらに、リアクションをちょっとだけ大げさにして聞いてみるのもいかがでしょうか。
人には、安心を感じて承認欲求を満たしてくれる相手に対して心を許す性質があります。そのため、リアクションよく話を聞いてもらった相手は、あなたに対して好感を抱きやすくなり、仕事やプライベートでのコミュニケーションがスムーズになるかもしれません。

4

まぁいっか〜、な
自分は最強

どうにかなるでしょ、な自分は最強。
「ご自愛」を大きな木として考えたとき、
葉の部分にあたるのが、「自分を信頼できる」感覚です。
信頼という養分で、葉はぐんぐんと育ち、
どんどん次に向かって生い茂っていきます。

「わたしなんて」が
口癖のあなたに

いつも悩んでる…

- 「わたしなんて」
- 「これで本当にいいのかな？」
- 「こんな自分で申し訳ない」
- 「わたしの頑張りが足りないせい」

こんな言葉が口癖になっているのは、「自分を信頼できる」感覚がなくなってきているサインです。そんな人は、ぜひ #4 から読んでみてください。

「根拠のない自信」という言葉に、抵抗を持つ人もいるかもしれません。でも、根拠がなくて全然 OK ！ 「わたしには自信がある！」と思うことが根拠になって、自信をつくることができるようになるのです。
「自分を信頼できる」感覚があれば、挫折したときも自分自身で立ち直り、ふたたび立ち上がれるように。どんな困難な状況でも、人生を切り開けるでしょう。また、自分の選択を信じられるので、直感力が鋭くなります。
自分の可能性は無限大！ 次から次へと挑戦に踏み出すためにも、自分を信頼する力を育てていきましょう。

「なんとなく、やれそう」
でいい

わたしたちが感じることは、すべて自分自身がつくり出しています。
勇気がなければ、勇気をつくればいい。自信がないなら、自信を持てばいいのです。

アメリカの思想家の言葉に、「根拠のない自信こそが絶対的な自信である」というものがあります。
社会的地位や能力などを根拠とする自信は、その「根拠」を失ったら、揺らいでしまうかもしれません。
でも、根拠のない自信は、そのままの自分でも揺らぎません。
ありのままの自分に自信が持てているとき、その自信はとても強い力になります。

自分の心に「なんとなく、できそう」「やれる気がする」「面白いことになりそう！」という考えが浮かんだら、根拠がなくても大事にしてみてください。
自分をまず信じることは、決して簡単ではありません。それでも信じることで自信が生まれ、行動が変わっていきますよ。

♥ あいしなポイント

自分の直感を信じれば、ありのままの自分でいられる時間も増えていく。

「もう、や〜めた！」

考えても仕方ないとわかっていても、頭の中から消えずにグルグルしている悩みってありますよね。そういうときは「もう、やーめた！」と口に出して言ってみましょう。

これは、心理療法の現場で使われている「脱フュージョン」というテクニックです。
「フュージョン」とは「融合」「混ざり合う」という意味。人の感情はポジティブとネガティブが混ざり合った（フュージョンした）状態にあります。「脱フュージョン」とは、混ざった感情の中から、負の感情を切り離すことを指しています。

「もう、やーめた！」と言うだけでもいいのですが、モヤモヤを紙に書き出して、それを見ながら言ってみると、より負の感情とさよならしやすくなります。
さらにミュージカルっぽく歌うと、より効果があります。自分で自分に思わずフフッと笑ってしまうくらい、コミカルかつ情熱的に歌い上げてみましょう！

♥ **あいしな ポイント**

手放してみると、その悩みは「ネガティブな思い込み」だったと気づけるかも。

その悩みは
わたしの課題?

今、あなたが抱えている課題や悩みはどんなものですか？
それって、「自分の問題」でしょうか？　もしかして、「相手の問題」で悩んではいないでしょうか。

アドラー心理学には、「自分の課題」「他人の課題」という考え方があります。たとえば「上司が忙しくて相談の返事がない」「家族がイライラしていて当たりがキツい」といったことに悩んでいるとき、悩みを仕分けていきます。「最終的にどっちの責任？」と、責任の所在をはっきりさせていくようなイメージです。
「他人の課題には踏み込む必要がない」というのが、アドラーの教えの基本です。仕分けた結果、自分側に問題がないとわかったら、その悩みは考えても仕方のないものです。いったん手放してしまいましょう。

悩みでいっぱいのときほど、「これはわたしの課題？　ほかの誰かの課題？」と自問自答してみてください。
自分と他人がごちゃまぜになった課題の中から、自分の課題を見つけ出したら、それにぐーっと集中。自分自身で解決を目指せるはずです。

♥ あいしな ポイント

自分を信頼できないときほど、相手の反応が気になるもの。「誰の課題か」を意識して。

自分と相手のあいだに
ゆるやかな線を引く

周りの人の悩みやネガティブな感情に影響されて、自分まで参ってしまっていませんか？
ご自愛が足りていないと、「わたしはわたし、人は人」と思えなくなります。自分と他人の境目がわからなくなり、他人の悩みなのに、自分の悩みのように感情移入してしまうのです。
そんなの、疲れてしまいますよね。

相手の悩みは相手の悩みであって、あなたの悩みではありません。また、あなたがどんな助けやアドバイスをしたとしても、どう動くかは相手が決めることです。
相手の感情を自分ごとのように感じてしまいがちな人ほど、意識して「自分と相手のあいだにゆるやかな線を引く」イメージをしてください。

相手の状況や感情を、映画を見るかのように眺めましょう。あなたは寄り添うだけで、引いた線は越えません。
「冷たいと思われるかも」「せっかく相談してくれたのに薄情かも」と気に病む必要はないんです。自分と相手をはっきり分けることは、「自分を信頼できる」感覚を育むことにつながり、結果的にいい人間関係をつくれるようになっていきます。

💛 **あいしな ポイント**

悩みに共感しても、一体化しないように。想像して寄り添おう。

「わたしなんて」じゃなく
「わたしだからこそ」

マイナスな言葉は、ネガティブな感情や考え方を導きます。
わかっていてもマイナスな言葉ばかりが頭をよぎってしまう
……というときは、プラスの言葉に「変換」してみてください。

「わたしは話すのが苦手」→「わたしは話を聞くのが得意」
「負けず嫌い」→「向上心がある」
「飽きっぽい」→「好奇心旺盛でフットワークが軽い」
「また食べすぎた」→「おいしいものを食べられて幸せ」
「疲れたな」→「よく頑張った！」
「もうダメだ」→「なんとかなる」
「わたしなんて」→「わたしだからこそ」

こういったポジティブな変換を、心理学の世界では「リフレー
ミング」と呼びます。
自分で自分にプラスの言葉をかけていくと、「自分を信頼でき
る」感覚が回復しますよ。

♥ **あいしな ポイント**

「わたしなんて」はご自愛不足
のサイン。プラスな言葉を自分
にかけてあげて。

「すみません」じゃなく
「ありがとう」

感謝の言葉を口にすると、幸福感がアップすることが知られています。

人に何かをしてもらったとき、反射的に「すみません」と言ってしまっていませんか？　感謝の気持ちを表したいときは、「すみません」ではなく、「ありがとう」と意識して言い換えてみましょう。

人間には、「何かを与えられるとお返しをしたくなる心理」が備わっています。「ありがとう」の言葉で感謝の気持ちが相手に届けば、ポジティブな何かがふたたび返ってくるかもしれません。

同じように、応援の言葉も力を持っています。応援された側だけでなく、応援しているあなたの自信も深まるのです。

応援したい相手に、素直な気持ちで「大丈夫、あなたならできる！　応援しているね」と言ってみてください。

人は、「自分も誰かの力になれる」と認識したときに満たされる生きものです。そんな自分を知ることで、自信が深まり、「自分を信頼できる」感覚が増えていきます。

♥ あいしな ポイント

「ありがとう」のラリーで、自信は次第に育っていく。

ちょっとバイバイ

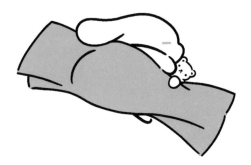

人の脳はなかなかやっかい。ぼんやりと気にかかっていること
は忘れられず、ネガティブな物事に注目してしまいます。「忘
れたい」「こだわりたくない」と困っていることほど、脳が勝
手に「忘れられない」「こだわってしまう」状態になります。
自分の中で区切りがつけば、脳は自然と忘れていくのですが、
モヤモヤの状態のままではなかなか解決しません。そこで試し
てみてほしいのは「ちょっとバイバイ！」です。

心の中にモヤモヤと漂っている、不安や心配事を思い浮かべて
ください。
「ちょっとバイバイ！」と言いながら、イメージの中で横にズイッ
とどけてみてください。段ボール箱の中にポイポイ入れてみた
り、トラックに運び去ってもらったり、遠ざけるイメージは自
由です。
自分の足を引っ張る不安な気持ちをいったん手放してしまい
ましょう。その隙に、ちょっとでも前進できれば、いつしか悩
みは解決しているはず。

♥ **あいしなポイント**

箱に入れる、水に流す、ポイッ
と捨てるなど、あなたがピンと
くる「バイバイ」を。

これがすべての
終わりじゃない

大きな失敗やつらい挫折、苦しいトラウマに出くわしてしまったとき……ショックを受けている自分に「これがすべての終わりじゃないよ」と声をかけてあげましょう。

これも #2 のコラムで説明した「セルフトーク」と呼ばれるものです。自分自身への声がけが、物事の捉え方を変える力を持っています。
「これがすべての終わりじゃないよ」のあとに、自分のポジティブな面を思い浮かべ、今の状況に役立ちそうな部分に注目。すると、意外となんとかなる気がしてきませんか？
この失敗は、次の成功へのチャンス。自分にはできることがきっとまだいっぱいある。そう気持ちを切り替えて、もう一度立ち上がりましょう。

過去の後悔やトラウマに対して、「この過去はわたしへのギフト」と声をかけてみるのも、捉え方を変える一歩です。
後悔やトラウマは、それだけ情熱や愛情があった証拠。記憶を封印するのではなく、ギフトとして大切に抱えて生きていくという道もありますよ。

♥ あいしなポイント

つらいときほど、自分のポジティブな面に目を向けて。

わたしの可能性を信じる

人生は能力の差ではなく、どんなセルフイメージを持てるかで変わります。

セルフイメージとは、自分が自分について考えるときに思い浮かべるイメージです。

このセルフイメージが、縮こまったものになってしまっている人は少なくありません。人は心の中で考えたとおりの人間になります。「自分なんて」と思っていたらそれが現実になり、「これだけ成功できる、幸せになれる」と高いイメージを持っていたら、そこに向かって道が開けます。

子どものころは可能性に向かって何も考えずに進めていたのに、大人になるにつれてうまく動けなくなることがあります。
「もう遅い」
「わたしには難しそう」
「他人から白い目で見られるんじゃないか」
そういった不安によって、自ら可能性を閉ざしてしまうのです。でも、自分の可能性を心から信じることができれば、子どものころのように自由に前へと進めます。

自分の可能性を信じられれば、他人の可能性も信じられるはず。
自分を信じられれば、他人も信じられるんです。

♡ あいしな ポイント

あなたの可能性を一番信じられるのは、ほかでもないあなた。

自分が宝物になる

瞑想

わたしたちは五感の中で、視覚にとても頼っています。脳は視覚からくる情報を処理するのに大忙しです。脳を休ませるために、目を手のひらで隠し、10秒間瞑想するのがオススメです。
眉を指で押さえ、眉毛の真ん中あたりと、眉頭のくぼんだ部分のツボを押します。
ツボを押しながら、手のひらで目を隠します。
首と腰を曲げて顔を下に向けて……そのままゆったりと呼吸。10秒間瞑想してください。

10秒だけでも目を休ませてリラックス。ツボ押しや顔を下に向けることにも、穏やかな気持ちにさせる効果があります。
瞑想は、特に何かを「考えよう」としなくても大丈夫です。心に浮かんでくる言葉や感情があったら、それを観察して、そっと横に置きましょう。

瞑想をしなくても目を休めることはとっても大事！ 蒸しタオルやホットアイマスクなどを使い、5分ほど目元を温めると、リフレッシュはもちろん思考力や集中力の回復につながります。

ご自愛ワーク ❤️4

ていねいに手を洗う

「なんだか集中できないな」「気分が乗らないな」
と感じたとき、試してみてほしいのが手を洗う
ことです。オフィスワークの人であれば、ちょっ
と小休憩をかねて洗面所へ行ってみましょう。
普段は 10 ～ 30 秒くらいで手を洗っている人が
ほとんどだと思いますが、ぜひ 2 ～ 4 分くらい
かけて、ゆっくり手を洗ってみてください。

石鹸をモコモコに泡立てて、手のひら、手の甲、
手首、親指、人さし指、中指、薬指、小指……。
自分の手の部位のひとつひとつに意識を向けて、
ていねいに洗っていきます。
そのとき、あなたの頭は集中状態になって、気
がかりなことや不安に思っていることが消えて
いるはずです。
この手洗いの時間は、瞑想に似た効果をもたらし
ます。ひとつのことに集中することで、リラック
スが生まれ、不安や恐れが和らぎます。気持ちが
自然と切り替わり、思考力や集中力や回復して
くるのです。

SNS から距離を置く

ご自愛と SNS は相性が悪めです。なぜなら、
SNS は「他人と比較する」機会を増やしてしまう
から。
SNS を通して見ると、友達や知人の日常が、自
分よりずっとよいものに思えます。自分の足り
ないところが目につき、いつのまにか焦りやイ
ライラを抱えます。「自分を信頼できる」感覚も
傷ついて、他人の評価ばかり気になってきます。
その状態が長く続くと、自分のやりたいことや
気持ちが自分自身で見えなくなります。何をし
ても「これでいいのかな?」と周りの反応をう
かがってしまうように。そうなるとますます自
分を信じられなくなってきてしまうのです。

SNS は楽しいですし、情報収集やコミュニケー
ションにも役立ちます。でも、「最近 SNS に依存
しているかも」と違和感を持つようなことがあっ
たら、ご自愛が足りていないサインです。
1日30分だけしか開けないようなルール決めや設
定をして、SNS からいったん距離を置きましょう。

週1回、リセットの時間をつくる

仕事にプライベートに、毎日があわただしいと、やる気や思考能力は気づかないうちに低下しています。週に1回、リセットの日をつくりましょう！

例えば月〜金曜日までが仕事の人なら、水曜日の仕事終わり。あえて人との予定を入れず、「何をしてもいい自分の時間」として確保しておきます。
この時間には、何をしても大丈夫。すぐに家に帰ってもいいし、ヨガの体験に行ってみてもいいし、好きなものをたくさん食べてもいい。
自分が自由だということを思い出してください。
自由を味わっている自分を感じることで、自信が湧き、モチベーションが上がり、自分を信頼する感覚も回復します。

現代人は、「ひとりで自分の内側に意識を向ける時間」が圧倒的に足りていません。
ひとり時間を予定に組み込んでしまえば、「いつのまにか予定がギッチリ」ということを避けられますよ。

5

自分で決めたら
全部正解

　「ご自愛」を大きな木として考えたとき、
花の部分にあたるのが、「自分で決められる」感覚です。
あなたの心にたくさんの花が咲き、実がなっていきます。

「しょうがない」が
口癖のあなたに

いつも悩んでる…

- 「しょうがない」
- 「みんなそうしているから」
- 「あなたに任せるよ」
- 「どっちでも大丈夫」

こんな言葉が口癖になっているのは、「自分で決められる」感覚がなくなってきているサインです。そんな人は、ぜひ #5 から読んでみてください。

自分の道を自分で決められるという感覚が十分にあると、やる気が高まった状態を維持できます。たくさんの選択肢が広がっていてもワクワクできるし、その中から自分の道を選んで進んでいけます。

逆に、「自分で決められる」感覚が弱くなっていると、周りがどんどん気になってきます。「誰かに聞こう」「自分で選ばないほうがいい結果になりそう」と、他人の決定に従うのが当たり前に。誰かの指示がないと不安になったり、人の目を気にして一歩踏み出せなかったり……と、自分の心の声が聞こえなくなってしまいます。

「わたしが決めた!」「わたしがやりたいからやる!」と言えるようになると、楽しい人生になっていきます。

あいさつしてみよう

職場でも、プライベートでも、あいさつは毎日何度もするもの。
そんなあいさつを通して、ご自愛していく方法があります。
「わたしってイイ人！」と心の中で自分を肯定しながら、するあいさつです。特に「苦手だなあ」と思っている人にあいさつするとき、「初めまして」など緊張しながらあいさつするときほど、自分を励ます力になります。

（わたしってイイ人！）「おはようございます！」
（わたしってイイ人！）「よろしくお願いします」
（わたしってイイ人！）「ありがとうございます」
（わたしってイイ人！）「おつかれさまでした」

自分を肯定しながらするあいさつには、普段よりも前向きな空気が込められています。あいさつをされた相手の中には、思わずフレンドリーな反応を返す人もいるでしょう。前向きな気持ちをあいさつで交換することで、ささやかですが自分を大切にする気持ちが満たされます。それを積み重ねているうちに、苦手意識や緊張感が和らいでくるはずです。

♥ あいしな ポイント

あなたがキラキラしていると、周りもキラキラを返してくれる。

尊敬する、
憧れの人になりきって考える

どうしても決断に悩むとき、尊敬する人、憧れの人を頭に思い浮かべてください。

家族、友達、周りの人、過去にお世話になった人、歴史上の人物、フィクションの登場人物、「推し」……誰でもかまいません！

その人を思い浮かべながら、

「あの人だったらどう考えるかな？」

「もしあの人がわたしの悩みを知ったら、どうアドバイスしてくれるかな？」

「あの人だったらこれをやるかな？」

……と、自問自答するのです。

これは「レファレント・パーソン」というテクニックです。自分のあり方や生き方の価値基準の参考になる人、進むべき道を教えてくれる人を設定し、その人を参考にしながら自分の問題を客観視します。

自分のことだとどうしていいのかまったくわからないことでも、「あの人だったら」であれば意外と見えてくることがあるはず。

迷いから抜け出すヒントを見つけてください

♥ あいしなポイント

壁にぶつかったときは、視点を変えるのが大事。憧れの人の「目」を借りてみよう。

わたしを見える化する

やりたいこととやるべきことがたくさんあって、どうしていいか迷ってしまうときは、優先順位を決めて「見える化」しましょう。いったんやりたいことや、やるべきことを箇条書きですべて書き出してください。数は何個でもかまいません。そして書き出したものを客観的に見て、「急ぐもの」「重要なもの」「あとでいいもの」「重要ではないもの」に分けて、優先順位をつけていきます。

高いほうから順番に番号を振って、リストにしましょう。これがあなたが優先したいことを「見える化」したものです。

このリストを作ること自体にも効果はありますが、目に見える場所に張り出すとより効果的。自然と実現のための行動が増えていきます。

やりたいこと・やるべきことのリスト

1＿＿＿＿＿＿＿＿＿＿＿＿＿ 2＿＿＿＿＿＿＿＿＿＿＿＿＿＿＿
3＿＿＿＿＿＿＿＿＿＿＿＿＿ 4＿＿＿＿＿＿＿＿＿＿＿＿＿＿＿
5＿＿＿＿＿＿＿＿＿＿＿＿＿ 6＿＿＿＿＿＿＿＿＿＿＿＿＿＿＿
7＿＿＿＿＿＿＿＿＿＿＿＿＿ 8＿＿＿＿＿＿＿＿＿＿＿＿＿＿＿
9＿＿＿＿＿＿＿＿＿＿＿＿＿ 10＿＿＿＿＿＿＿＿＿＿＿＿＿＿

ちなみに、このリストに「やるべきこと」ばかりが並んでいるときは、ご自愛が足りないサイン。自分を大切にする力を回復させて、自分の「やりたいこと」も見つけてくださいね。

♡ あいしなポイント

自分で決めた優先順位に向かって行動できるとき、心には自信と勇気が湧く。

わたしを手伝ってくれる人は誰？

困ったとき、悩んだとき、誰かに頼ってもいいんです。頼れる人がいること、その人に頼ったら応えてくれると思えることが、あなたの安心感や自信につながります。
自分の周りの人たちを思い浮かべてみてください。
あなたを助けてくれそうな人は誰ですか？

何か問題が起きたときに、手を差し伸べてくれそうな人、手伝ってくれそうな人、アドバイスをくれそうな人、解決方法を知っていそうな人、寄り添って支えてくれそうな人……
そんな人たちを書き出し、自分だけの「助っ人」リストを作ってしまいましょう。
このリストは、たとえ実際に使わなかったとしてもあなたの「お守り」になります。

実際に自分ひとりでは解決が難しいことに直面したとき、リストの出番です！
ノートの真ん中に「解決したいこと」を書き、助っ人リストの中から、その問題について助けてくれそうな人と、どんな助けをしてくれるかを書き込んでいきます。もしかしたら、書いているうちに自分で解決策が見つかるかもしれません。

♥ あいしな ポイント

助けてくれる人を思い浮かべることで、自分のすべきこともはっきりする。

明日できることは
明日やろう

仕事やタスクの多さに困っている人にオススメしたいのが、「マニャーナの法則」という考え方です。

マニャーナとはスペイン語で「明日」という意味。明日できることは明日にやろう、という考え方です。

毎日次から次へと降ってくる「やるべきこと」の中には、必ずしも今すぐやらなくていいことや重要でないことが混ざっています。そういったタスクを全部、明日へと送ってしまいましょう。

明日やってもかまわないことを今日やってしまうと、そのぶん時間が奪われます。結果、仕事の時間が延びたり間に合わなかったり……。

「明日できることは明日やる」と決めると、今日やることに集中できます。結果的に今日のぶんのやるべきことが早く片付き、余力や体力を残して明日に向かうことができます。

また、「やらなければいけないけれど、やる気が出ない」ときは、よっぽど急ぎでなければ、「やる気が出るまで待ってみる」のもひとつの手。

今日の自分はできなくても、明日の自分ならやれるかもしれません。

♥ **あいしな ポイント**

仕事をうまくコントロールできると、自信が湧いてくる。

今日のゴールを決めてみる

実現したい目標があったら、「見える化」が効きます。

「実現したい目標」と「実現する日付」を書いたメモを作り、普段から目に入る場所に張り出しましょう。

そのメモを目にするたび、あなたの脳は無意識に目標に向けての準備を進めていくんです。実現のための取り組みが増え、気持ちや行動が変化していきます。

これに加えて、目標を小さく分けて設定するようにすると、1段1段階段を上るようにして目標達成に近づいていけます。

たとえば、資格試験の合格を目標にしている場合、「○月の試験で合格する」とメモに書きます。参考書を買ってきて、「毎日2ページを音読する」と達成できそうな小さな目標を設定します。できれば前日の夜に、「明日のゴールはこれ！」と手帳やメモなどに書き出しましょう。

ゴールを自分で決めることは、あなたの自信を深めます。さらにそれを達成できれば、どんどんポジティブな気持ちになっていきます。

♥ あいしな ポイント

ゴールできない日も落ち込まないで。リカバリーできる力があなたにはある！

新しい一個を積んでみる

困っていることがあるわけじゃない。でも最近、なんだか毎日が
パッとしない……そう感じているとき、「コンフォートゾーン」
の中にいすぎているのかもしれません。

コンフォートゾーンとは、その人が安心して過ごせる、慣れ親し
んだ居心地のいい場所のこと。ですが人は、コンフォートゾーン
の中にずっといると、できることやモチベーションが少しずつ
減っていくんです。

ワクワクした日々を過ごすためには、コンフォートゾーンから一
歩抜け出る必要があります。そのときに一時的にストレスや疲れ
を感じることがありますが、同時にポジティブな刺激にもなって
います。

かといって、いきなり大きな挑戦をする必要はありません！
「いつもより１時間早く出勤してみる」
「久しぶりの人に連絡してみる」
「新しいレシピを試してみる」
「普段使わない色のコスメや服を身につけてみる」
「口コミを見ずに衝動買いしてみる」
……そんな小さな「お試し」が、ワクワクする気持ちをよみがえ
らせるきっかけになります。

♥ あいしな ポイント

「最近つまらないな」は、挑戦
したい気持ちの前触れかも。

135

お休みとってる？

リモートワークが一気に浸透したことで、仕事とプライベートの境目があいまいになっている人が増えています。
せっかくの土日やプライベートの時間なのに、頭のどこかには仕事のことや、やるべきことが居座っている。これでは気持ちが休まりません。

「休む」ことには、前向きな効果があります。海外の研究では、長期の休みをとった職員が、よりエネルギッシュになり、健康状態が改善。ストレスレベルがぐっと下がり、ふたたび新鮮な気持ちで仕事に取り組めるようになったという結果が出ています。
なかなか長期の休みをとるのは難しいかもしれませんが、ときには有休も使って、休めるときは思いっきり休みましょう！　公園でゴロゴロしたり、電波が通じづらい場所に行ったり……。そうして仕事と自分を切り離してリフレッシュすれば、次の日からまた頑張れるようになりますよ。
仕事の昼休みも、ついついメールやチャットツールに目を通してしまいがち。ここも「リフレッシュの時間だ！」と自分で決めることが、午後からのやる気につながります。

● **あいしな ポイント**

「休みモード」のスイッチをオンにするような感覚で、全力で休むべし！

今やってることから
完全に離れてもいい

「苦手なあの人との付き合いを減らしたい、けど今後も顔を合わせることを思うと……」

「この定額サービスをそろそろやめたい、けどまだ使えるポイントも残ってるし……」

「習い事があまり楽しくない、けどかけてきた時間とお金がもったいない……」

そんなふうに「けど」がちらつき、手放すことができないことって、よくあります。よくないと自分自身わかっているのに、「もったいない」という執着から途中でやめられない状態です。

この苦しさから抜け出すのに一番効くのは、「けど」と引き留めようとする心を思い切って無視して、完全に離れてみること。だけど、現実にはなかなか難しいですよね。

そういうとき唱えてほしいのが、

「今までは今まで、これからはこれから」

という割り切りの言葉。

モヤモヤに気づいたその瞬間を「ゼロ」と考えてみるのです。今が一番「借金」が少ない状態。これから先はモヤモヤの数字は増えていきます。今こそ自由な道を選べるタイミングです。

♥ あいしなポイント

あなたの心を自由にできるのは、あなた。

139

わたしが決めた！で
人生が楽しい

心理学の世界では、モチベーションのことを「動機づけ」と呼んだりもします。動機づけには大きく分けて「内発的動機づけ」と「外発的動機づけ」の2種類があります。

内発的動機づけは、自分から主体的に動いている状況です。「好きだから」「楽しそうだから」「自分のやりたいことだから」という感情に突き動かされて行動をしています。
一方、外発的動機づけは、他人に動かされている状況です。「やれと言われたから」「みんなやっているから」「やらないと評価されないから」という感情に動かされて行動をしているので、内発的動機づけと比べるとモチベーションが低い状態になりがちです。

あなたの行動は、内と外、どちらによって生まれていますか？
誰かに強制されているわけでも、誰かに勧められたからでもない。
自分の心の声に従って、「わたしが決めた！」と思えることがとっても大事です。

♥ あいしな ポイント

自分で決めたから楽しい。楽しそうだからこれに決める。そんな感覚を育んで。

141

自分が宝物になる

勝負服を決める

あなたには「勝負服」がありますか？

アメリカには「ドレス・フォー・サクセス」という言葉があります。「（おしゃれのためではなく）成功するために装う」という意味です。

あなたにパワーを与えてくれる服や、あなたのよさを引き出してくれる服、背筋が伸びるような服を着ていると、不安や緊張を吹き飛ばしてくれます。そんな服に出合ったら、「これがわたしの勝負服だ！」と宣言してしまいましょう。

勝負服は、ひとつに限らなくても大丈夫。「仕事でキメるための勝負服」「優しい人と思われたいときの勝負服」「信頼を得るための勝負服」など、相手やシチュエーションに応じて勝負服を決めておいてもいいですよ。

勝負服を決めるときは、「色」の力を借りるのもオススメ。青は「賢い、仕事ができる」、赤は「説得力がある、力強い」、黄は「華やか、フレンドリー」、緑は「安心感、調和」といった印象をそれぞれ与えることが知られています。

ご自愛ワーク ⑤

一駅歩く

「最寄り駅のひとつ先の駅を使う」のはいい気分
転換になります。
毎日ではなく、ちょっと気分が乗らない日に、
あえて30分ほど早く家を出て最寄り駅のひとつ
先の駅まで歩いてみるんです。
毎日の繰り返しから離れてみると、新しい発見が
いっぱい。意識が切り替わり、前向きな発想や感
情が浮かびやすくなります。1日をポジティブな
状態から始めましょう！
夜のほうが時間がありそうなら、自宅のひとつ
手前の駅で降りて歩いて帰ってみましょう。家
に帰るとやる気が消えてしまう……という悩み
があるなら、「一駅ぶん余計に歩いて帰る」のが
あなたのやる気スイッチになるかもしれません。

車通勤の人はいつもと違う方向に寄り道してみ
るのもいいですね。ほかにも、たまに歩いてみる、
朝や夜に家の近所を散歩してみるなど、「歩く」
ことを日々に取り入れて、気持ちの切り替えに
活用してみてください。

トイレをピカピカにする

「自分で決められる」感覚を鍛えたいなら、トイレをピッカピカに磨いてみて。
自分の行動を意識的に選択し、繰り返し行うことで、意志の力が鍛えられることが研究でわかっています。
トイレ掃除というなんとなく気が進まないものを、「毎日トイレを磨くぞ！」と自分で決める。そして実行していく……その繰り返しで、意志力、決断力、行動力、自制心が伸びていきます。
もちろん、トイレ掃除以外でもあなたが決めたものなら大丈夫。お風呂場、洗面所、流しといった別の水回りを選ぶのもいいですね。

トイレ掃除のような単純な作業は、やっているあいだは雑念が入らないので、ネガティブな感情を紛らわす効果もあります。
心がストレスでいっぱいになったときこそ、洗い物や掃除機がけ、資料コピーやデスクトップ画面の整理など、5分間の単純作業をしてみましょう。
身の回りがちょっときれいになるのと同時に、心もちょっと落ち着いてくるはずです。

日記やメモを書く

自分で決められない状態が続いていると、「できていない自分」「決められない自分」というセルフイメージが凝り固まってしまいます。自分を再発見するために、「ラッキーメモ」を作ってみるのはいかがでしょうか?
「自分が達成したこと、うれしかったこと、ラッキーだったこと」をメモしていくんです。

まず、ノート(メモ帳や日記帳でも OK !)とペンを用意します。ここ 1 カ月の出来事を振り返り、達成したこと、うれしかったこと、ラッキーだったことを箇条書きしていきます。そのメモをゆっくりと眺めてみてください。

「あ、こんなことがあったなあ」「意外と頑張れてるな」「わたし、ツイてたな」
自分と周りで起きたポジティブな出来事や気持ちに注目すると、ポジティブなセルフイメージができていきます。
1 週間に 1 回、2 〜 3 分程度のラッキーメモ作りで自分の前向きなところを思い出せますよ。

6

自分を好きになると
周りが見えてくる

「ご自愛」を大きな木として考えたとき、
実の部分にあたるのが、「自分は何かの役に立っている」と
思える感覚です。誰かの役に立てるうれしさが、
人生の幸せや成功を実らせます。

「迷惑かけてごめんなさい」が
口癖のあなたに

いつも悩んでる…

- 「迷惑かけてごめんなさい」
- 「わたしって役立たずだから」
- 「またひとりぼっちな気がする」
- 「周りは優秀な人ばっかり」

こんな言葉が口癖になっているのは、「自分は何かの役に立っている」と思える感覚がなくなってきているサインです。そんな人は、ぜひ#6から読んでみてください。

人は、周りの人や社会とのつながりの中で生きています。「自分は役に立っている」と思えないと、物事をあきらめやすくなってしまいます。なぜなら、自分のためだけには、人は頑張ることができないから。他人のために喜んで、他人のために行動できる……それが人の面白いところ。誰にも期待されていない状態では力が出せません。自分のこともだんだん嫌いになります。

「自分は役に立っている」と思えていると、多くの人によって支えられているという安心感を得られます。その安心感が、さらに「誰かの役に立ちたい」という行動を導き、幸せな循環が起こるんです。

人に、自分に、 「ありがとう」

「ありがとう」という言葉は、人と社会とのつながりを深めるすごい力を持っています。

自分がしたことに対して、他の人から「ありがとう」と言われると、「自分は誰かの役に立つことができるんだ」という感覚を高めます。

そして大事なのは、自分から相手にかける「ありがとう」にも同じ効果があるということ。

誰かに「ありがとう！」と笑顔で言い、誰かから「ありがとう！」と言われることは、どちらにとってもエネルギーを生み出します。「ありがとう」は循環する、究極の「ご自愛ワード」なのです。

このワードを、他人だけでなく、自分にも言ってあげましょう。
「今日もありがとう」
「おつかれさま」
「よく頑張ったね！」
たとえうまくいかなかった日だとしても、生き抜いただけでオールOK！
自分で自分に「ありがとう」を手渡して、明日を元気に過ごすエネルギーをチャージしましょう。

♥ **あいしなポイント**

1日3回、「ありがとう」と言ってみよう！

「ねば」「べき」って
言ってない？

世間には「ねば」「べき」があふれています。
「年上なんだから、うまくやらねば」
「先輩なんだから、我慢するべき」
「親なんだから、しっかりしなきゃ」

これらは世間の思い込みであって、同調圧力です。けれど知らず知らずのうちに自分の心にも根付いてしまっています。または、過去のトラウマや人間関係の挫折から、「ねば」「べき」を強く持ってしまうことも……。
これにとらわれていると、十分頑張っているのに「まだ足りない」「自分はできていない」と思って、自分らしさを封じ込めてしまいます。

自分の中の「ねば」「べき」に気づいたら、自分を勇気づけられるほうへとチェンジしていきましょう。
「こうせねばならない」ではなく、「なんとかなるさ」。
「こうあるべき」ではなく、「たまには人に頼ってもいい」。

こうやって「ねば」「べき」から脱却すると、思い込みから解放され、社会の中で自分らしさを発揮できるようになります。

💛 あいしな ポイント

「ねば」「べき」の縛りは強いもの。ゆっくり解放されていこう。

ギブ＆ギブ

「ギブ＆テイク」はよく知られていますよね。この考え方はフェアな人間関係にはとても大事なことですが、一方で「見返りが必要」といった意味合いを感じている人もいるかもしれません。ここで、「ギブ＆ギブ」という考え方を紹介させてください。

心理学の世界を中心に、親切に関する研究は頻繁に行われています。研究によると、親切には以下の効果があるのだといいます。
「親切にすると、幸福感の向上につながる」
「親切にすると、時間に対する焦りがなくなる」
「親切にすると、自信が得られる」
面白いのは、これは「親切に対するお返し」での効果ではないということ。親切にしただけで、もういい効果が生まれているのです！

相手からの見返りや反応は考えずに、まずあなたからポジティブな「ギブ」を。相手が誰であれ、どんな状況であれ、人に惜しみなく親切にすることが、メンタルによい効果を与えてくれます。

♥ あいしな ポイント

他人に親切にできて、うれしくなれるのは、人間ならでは。

「おつかれさま」
「いいですね！」

職場やいつもいるコミュニティーで、居心地の悪さを感じている……そういうときほど大事にしたいのが、優しい声がけや言葉のやりとりです。

「おつかれさま」「調子はどう？」
ほんのひと言、ふた言でも、お互いにいたわり合うと、その場のみんなにとってプラスに働きます。

また、相手への反応を意識して変えれば、相手からの信頼感や親近感が増し、コミュニケーションをとりやすくなります。
相手との会話のとき、意識して「いいですね！」と同意したり、よくうなずいたりしてみる。
呼びかけるとき、「〇〇さん」と名前を呼んでみる。
相手が得意なことに関してアドバイスを求めてみる……。
そうやって相手に働きかけることが、あなたの居心地のよさにつながっていきます。

ただし、自分の気持ちにウソをついて、無理やりやろうとすると、かえって逆効果になることも！
もともと持っている感謝や好意を素直に出してみる、「ちょい足し」するイメージで試してみてくださいね。

♥ **あいしなポイント**

対人関係がよくなると、その場所の居心地もぐっとよくなる。

周りの人を思いっきり
褒めてみよう

最近、人のことを褒めていますか？
近くにいる人を「1日1回」思いっきり褒めてみましょう！
褒めることは、あなたから相手に、相手からあなたへ、相手から他の人へ……どんどん広がっていきます。

たとえば同僚から「その靴、すごく素敵ですね」と褒められたとしましょう。あなたはうれしくなりつつ、自然と相手のいいところを探して、「ありがとう、あなたの服も似合っていていいですね」と褒め返します。ここでもう世界に褒めがひとつ増えていますね。
そして、褒められた人はハッピーな気分になり、その後に会ったほかの人のことを褒めやすくなるのだといいます。

このように、スタートはひとつだった褒めが、どんどん増えていくんです。あなたがまず褒めることで、あなたがいる場所がどんどん居心地のいいところに変わっていきます。
「自分は褒めるのが下手だ」と思っている人は、まず自分のいいところに目を向けるところから始めましょう。自分のよさを認められると、周囲の人のよさにも気づくようになります。

♥ **あいしな ポイント**

褒めることが苦手なら、あなたが「素敵だな」と感じた相手の持ちものを褒めてみよう。

仕事の人間関係は
うまくいかないのが
当たり前

多くの人が、仕事での人間関係で悩んでいます。けれど、うまくいかないのが当たり前なんです。

ソーシャルメディアの研究者が提唱した「5-15-50-150-500の法則」というものがあります。人がうまく付き合える人間関係の平均的な人数を示したものです。
家族や親友といった、深く支えになって助けてくれる人は「5人」。
亡くなると深い悲しみを抱くであろう人は「15人」。
比較的頻繁にコミュニケーションをとる人は「50人」。
名前を覚えていてはっきり認識できる人は「150人」。
そして、会ったことはあるけどそれほど親しくない人が「500人」。

仕事で出会う人の数は、きっと15人以上のはず。50人も軽く超えるかもしれません。
そもそもうまく付き合える人の数より多く付き合わなければいけないのだから、苦労するのが当たり前、無理に親しくなろうとしなくても大丈夫！　そう考えながらマイペースに臨むのが、職場の人間関係で苦しまないコツです。

💜 あいしなポイント

そもそも維持が難しい人間関係で思い悩むより、大事な人との関係に目を向けよう。

ひとりでもいいから職場に心を許せる人をつくる

もし職場に、「仕事仲間」以上の感覚で付き合える人がひとりでもいたら、あなたはとても恵まれています。

アメリカのリサーチ会社が「友人の存在が個人の幸福度にどれくらいの影響を与えているか」を500万人を対象にアンケートした結果、「職場に最高の友人がいる場合、仕事に対するモチベーションが最大700％もアップする」ことがわかったといいます。
作業のスピードが上がり、トラブルが減り、アイデアも出やすくなるのだそう。
さらに、「職場に友人が3人いると、受け取っている給料の価値を3倍多く感じ、人生の満足度が96％上昇する」という分析もあります。

前の項目（p.160）でのお話と矛盾するようですが、「職場での人間関係はうまくいかないのが当たり前」だからこそ、うまくいくと非常に大きなパワーになります。
あなたにそういう相手がいたら、ぜひ大事にしてくださいね。

♥ あいしなポイント

心を許せる人がひとりでもいると、仕事に行くのが楽しくなる。

大切な人に連絡をしてみよう

人とのつながりは、「自分は何かの役に立っている」と思える感覚にとってとても重要です。

ここ数年、社会に大きな変化があり、以前と比べて人間関係を希薄に感じたり、人と会う機会が減っていたりする人が増えています。周りの人や社会とのつながりを感じにくくなると、「ご自愛」も足りなくなってしまいます。

しばらく連絡していなかった大切な人に、久しぶりにメッセージを送ってみてはいかがでしょうか。

家族、親友、過去に自分をいい方向に導いてくれた人、憧れていた人、なんとなく約束が流れて気まずくなってしまった友達……誰でもかまいません。

自分の心に「今、連絡を取りたい大切な人は誰？」と呼びかけて、最初に思い浮かんだ人に連絡してみましょう。

そして大切な人と連絡が取れたら、なんらかの形で「ありがとう」と伝えてみてください。感謝の言葉は相手をうれしい気持ちにさせ、あなたもまた温かな気持ちになるはずです。

💛 **あいしな ポイント**

心を許せる人の存在は、それだけであなたの人生の満足度をぐーっと上げる。

どんな親切ができるだろう

アメリカの思想家エマソンはこんな言葉を残しています。
「誰であれ他人を心の底から助けようとすれば、必ず自分自身を
も助けることになります。それは人生のもっとも美しい報酬の
ひとつなのです」

脳神経科学と行動心理学の世界では、「自分が助けられるよりも、
他人をサポートしたほうがよりストレスが軽減した」「人助けや
他人のための行動をすると、心理状態が改善され、健康にもつ
ながる」「自分の仕事が人助けに関わっているときほど、やりが
いや意義を見いだせる」といったことが続々とわかっています。
他人のためにしたことが、結果として自分のためにもなってい
るのです。

自分が今いる環境の中で、見返りを考えずにできる親切はどん
なものでしょうか？　喜ぶ顔を見たい相手は誰ですか？
どんな小さなことでも OK です。今、思い浮かんだものを、思
い浮かんだ人に向けて、ぜひ明日実行してみましょう。

♥ あいしな ポイント

「差し入れ」や「おみやげ」も、
手軽にできる親切のひとつ。

自分が宝物になる

植物のパワーを借りる

お花や植物には、気持ちを前向きな方向に持っていくパワーがあります。なかなか気分が切り替わらないとき、植物のパワーを借りてみて!

鏡は「ご自愛」のバロメーターです。ご自愛が足りていれば、朝に鏡を見たときに自分のいいところから見えてきます。逆に足りないと、悪いところばかりが目につきます。
明るい気持ちで1日を始めるために、鏡の前に好きな花を飾ってみましょう。小さな一輪挿しでもOKです。
そこに花があるだけで、あなたの脳はポジティブな気持ちになります。

また、ベランダや庭で植物を育てるのも大きな効果があります。
医療系学術誌で発表された調査では、土いじりに没頭することが、不安を和らげ、メンタル面の改善につながったことが報告されています。
土に触れ、植物に囲まれて、植物のお手入れをして過ごせば、心の健康も回復してきます。

ご自愛ワーク ♥6

手をつなぐ

大切な人と手をつなぐと、不安がふっと和らいだり、安心する気持ちが湧いてきます。
これは気のせい……ではなく、実は科学的にも明らかになっています。手をつなぐとストレスホルモンが減り、愛情ホルモンが分泌されるので、ストレスや不安の軽減、血圧低下などの効果があるのだそうです。
心を許す相手との触れ合いは、精神的・肉体的なつらさを和らげてくれます。

ちなみに、手をつなぐ相手がいないときは、「動物の動画」が効果的です。
テレビやインターネットメディア、SNSなどには、癒やされる動物の映像がたくさんありますよね。そんな動物の癒やし動画を見るだけで、手をつなぐのと同じ効果が得られるのです！
さっきお話しした愛情ホルモンは、「癒やされる」「心地いい」動物の動画を見るだけで分泌されます。
だから不安な気持ちに襲われたときは、小休憩して動画の再生ボタンをポチッ。幸福感をチャージしましょう。

プレゼントしてみる

プレゼントを贈って喜んでもらうと、「自分は役に立てている」と思う感覚が回復します。
さらに言えば、プレゼントを用意している段階ですでに、「ご自愛」できてしまっているのです。

人は以下のようなお金の使い方ができると、幸せを感じるのだといいます。
「自分ではなく他人の利益のために使う」
「他人の幸福に細心の注意を払う」
人へのプレゼントは、幸せな気分を生み出すお金の使い方なんです。

ちなみに、ベタなプレゼントと思うかもしれませんが、お花の持つパワーは大きいです。アメリカで行われた「感情と花の関係性の研究」では、「キャンドル」「カゴ入りのフルーツ」「花束」の3種類のギフトを贈ったときの反応を調査していました。結果、花束を受け取った全員が強い喜びを示したのだそうです。
親しい人や家族に、ありがとうの気持ちを込めてお花を贈ってみてくださいね。

感謝の手紙を書いてみる

今までの人生の中で、あなたがもっとも感謝を伝えたい人は誰ですか？
実際に手紙に書くようにメッセージを書き出していきましょう。

```
宛名：

メッセージ：


```

書けたら、そのメッセージを穏やかな気持ちで読み返してみてください。「わたしはあの人とのつながりで、今ここにいるんだな」と、過去から現在までの人とのつながりを改めて感じるのではないでしょうか。感謝の思いが記憶に定着して、これからの行動や考え方を変えるきっかけになるかもしれません。

本当にハガキに書いて投函しても、もちろん OK。そのときは、お気に入りの文房具とお気に入りの絵ハガキを用意してみて。感謝の気持ちを伝えることは、あなたの幸福度アップにつながります。

おわりに

ここまで読んできたあなたは、読む前のあなたとは
きっと少し変化しているはず。

周りで起きていることや人の気持ちは、あなたの物の見方に
よってまったく違う形をとります。
物事のよくない面ばかりを見ていると、ストレスや不安の
もとになり、「これじゃダメだ」と行動が止まってしまいます。
物事のいい面に目を向けられていると、
「やってみよう」という気持ちになっていきます。
家族や知人との人間関係でぶつかることがあったとしても、
「他人は変わらない。よくも悪くもわたし次第なんだ」と、
悩みを切り分けていくことができます。
過去の思い出も、ご自愛が足りているあなたなら、
ポジティブな気持ちで振り返れることでしょう。
あいしながマイペースでいられるのは、
ご自愛に満たされた状態で物事に接しているから。
解釈上手になって、これからの歩みに
迷いをなくしちゃいましょう。

ご自愛は、毎日のシンプルで小さな積み重ねです。
そして今日できていても、明日にはできなくなっているかも
しれない。逆に、今日できていなかったことが、
明日は簡単にできるかもしれません。
揺れ動くことも含めて自分。「ご自愛、足りてる！」
「ちょっと足りてないな？」と、そのときどきで感じて、
ありのままを受け入れればいいんです。

キラキラと流れる水をイメージしてみてください。
冷たくなりすぎると凍って動けなくなってしまうし、
熱くなりすぎると気体になって飛んでいってしまう。
ちょうどいい状態だからこそ、しなやかに流れていきます。
いろんなことを受け入れながら、未来へと進んでいく……
その水を澄ませるのも淀ませるのもあなた次第です。

わたしたちが住む社会は、たくさんの「ねば」「べき」を
求めてきます。それに応えようともがいているうちに、
じわじわと削られて、本当にやりたいことが押し込められ、
どれが本当の自分かわからなくなっています。
そんな社会では、自分を甘やかすくらいでちょうどいいはず。

自分には甘く、他人にも甘く！
ゆる〜い気持ちで、自分も周りも「いいじゃん」と思える。
責任感は持つけど、ひとりで背負いすぎない。
マイペースに、肩の力を抜いて。
自分を甘やかす「強さ」が、あなたにはきっとあります！

あなたはあなたのままで、たくさんのいいところを
持っています。
自分らしく生きるあいしなのように、あなたも自分の気持ちや
見方を大切にして、しなやかに生きてください。

心理カウンセラー
中島輝

中島輝（なかしまてる）

自己肯定感の第一人者 / 心理カウンセラー / 作家 / トリエ代表。
夜逃げ、借金、引きこもり、HSP、双極性障害、パニック障害、統合失調症、強迫性障害、不安神経症、潰瘍性大腸炎、斜視、過呼吸、認知症、円形脱毛症……と幼いころから続く苦難で壊滅的な精神状態に。その後、30年間の人体実験と独学で習得した技法を用いたカウンセリングとコーチングを24時間365日10年間実践。15,000名を超えるクライアントに心カウンセリングを行い、回復率95%、800人以上の予約待ちに。「奇跡の心理カウンセラー」と呼ばれ、ニューライフスタイルを提案する資格認定団体「トリエ」を主催し120以上のオリジナル講座を開発。著書に、『何があっても「大丈夫。」と思えるようになる 自己肯定感の教科書』(SB クリエイティブ）、『口ぐせで人生は決まる～こころの免疫力を上げる言葉の習慣～』(きずな出版) などがある。

アイシナモロールと
"一緒にご自愛"

～ 自分を好きになるための **56** のコツ ～

発行日　2024 年 2 月 3 日　初版第 1 刷発行
　　　　2024 年10月30日　　　第 5 刷発行

監修　　中島輝
発行者　秋尾弘史
発行所　株式会社 扶桑社
〒 105-8070　東京都港区海岸 1-2-20　汐留ビルディング
電話　03-5843-8842（編集）
　　　03-5843-8143（メールセンター）
www.fusosha.co.jp
印刷・製本　TOPPANクロレ 株式会社

定価はカバーに表示してあります。
造本には十分注意しておりますが、落丁・乱丁（本のページの抜け落ちや順序の間違い）の場合は、小社メールセンター宛にお送りください。送料は小社負担でお取替えいたします（古書店で購入したものについては、お取替えできません）。
なお、本書のコピー、スキャン、デジタル化等の無断複製は著作権法上の例外を除き禁じられています。本書を代行業者等の第三者に依頼してスキャンやデジタル化することは、たとえ個人や家庭内での利用でも著作権法違反です。

STAFF

プロデュース	在原遥子、鈴木絹彩、小柳彩佳
デザイン	石井まゆ・岡村風香・黒木万璃子 (ma-h gra)
校正	小出美由規
編集	青柳美帆子、佐藤弘和